BEI GRIN MACHT SICH IHR WISSEN BEZAHLT

- Wir veröffentlichen Ihre Hausarbeit, Bachelor- und Masterarbeit

- Ihr eigenes eBook und Buch - weltweit in allen wichtigen Shops

- Verdienen Sie an jedem Verkauf

Jetzt bei www.GRIN.com hochladen und kostenlos publizieren

Saskia Felicitas Werner

Kauf eines Kaffee-Vollautomatens zur Optimierung der Servicegeschwindigkeit

Vortragsleitfaden und Power-Point-Folien

GRIN Verlag

Impressum:

Copyright © 2012 GRIN Verlag GmbH
Druck und Bindung: Books on Demand GmbH, Norderstedt Germany
ISBN: 978-3-656-40573-3

Dieses Buch bei GRIN:

http://www.grin.com/de/e-book/211824/kauf-eines-kaffee-vollautomatens-zur-
optimierung-der-servicegeschwindigkeit

Vortragsleitfaden und Power-Point-Folien für einen Kurzvortrag zu dem Thema Kauf eines Kaffee-Vollautomatens zur Optimierung der Servicegeschwindigkeit anhand des LONG ISLAND HOUSE SYLT (Praktikumsunternehmen)

abgegeben am 07.07.2012 im Prüfungssekretariat
SRH FernHochschule Riedlingen
Lange Straße 19
88499 Riedlingen

Kreativitäts- und Präsentationstechniken
4.Semester/ Betriebswirtschaftslehre

von Saskia Felicitas Werner

Einleitung

Bevor ich meinen Vortragsleitfaden erstellt habe, habe ich meinen Kurzvortrag gemäß des 4-Seiten-Modells vorbereitet. Aspekte des 4-Seiten-Modells sind (a) die zu definierenden Ziele und Kernbotschaften,(b) aufzubereitende und zu präzisierenden Inhalte, (c) meine Selbstaussage und (d) die Zielgruppen-Analyse. Meine Ergebnisse bezüglich des 4-Seiten-Modells sind wegen des beschränkten Seitenumfangs nicht in dieser Hausarbeit vorzufinden. Der Vortragsleitfaden wurde aber auf diesen Ergebnissen basierend konstruiert.[1]

Die Folien sind nach dem Pyramiden-Prinzip aufgebaut, d.h., dass es bei meinen drei Kernbotschaften eine Hauptaussage gibt und jeweils zwei davon abzweigende Unteraussagen (hier: Schlussfolgerungen).[2]

Jede Folie besitzt einen Strukturtitel (Überschrift) sowie einen Action Title, um dem Betrachter eine gute Lenkung durch den Vortrag zu bieten.[3]

Als Schriftgröße für die Folien habe ich 28 Punkt für die Struktur- und Action Title und 26 Punkt für den sonstigen Text verwendet, damit der Text auch von Weitem gut lesbar für den Adressaten ist.[4] Als Schriftart setze ich die serifenlose Schrift Times New Roman ein.[5]

Alle Folien sind gemäß des Minimalprinzips aufgebaut, das heißt, dass max.5-9 Informationen und max. drei Graphiken pro Folie integriert sind.[6]/[7] Hierdurch beschränke ich mich nur auf die wesentlichen Aussagen pro Folie und generiere somit eine gute Übersichtlichkeit.

Als Farbe für meine Folien habe ich Schwarz (als Grundfarbe) gewählt, welches durch eine weitere Farbe (Blass blau) ergänzt wird.[8] Hierdurch werden die Farben effizient für die Vortragsfolien eingesetzt und lenken nicht vom Vortrag ab, sondern stützen diesen: Schwarz wird für alle Informationen verwendet, Blass blau wird für die Richtungspfeile eingesetzt, um die Argumentationsstruktur hervorzuheben.

Folgend finden Sie den Vortragsleitfaden zu meiner Idee: Kauf einer neuen Kaffeemaschine, um die Servicegeschwindigkeit zu steigern. Diese Idee soll in meinem Praktikumsunternehmen dem LONG ISLAND HOUSE SYLT vor allen Mitarbeitern argumentativ präsentiert werden, um die Mitarbeiten von meiner Idee zu überzeugen.

---

[1] Hartmann,M./Funk,R./ Nietmann,H.: 2000, S. 13 f.
[2] Schick,D./ Koch, A.: 2011, S.54 f.
[3] Schick,D./ Koch, A.: 2011, S.78
[4] Roesch, H. (05.07.2012)
[5] Roesch, H. (05.07.2012)
[6] Göldner, R. (01.07.2012)
[7] Friedrich-Ebert-Stiftung: 2005, S. 72
[8] Friedrich-Ebert-Stiftung: 2005, S. 71

Vortragsleitfaden für meine Idee:

Nr.	Zeit	Thema/ Inhalte/ Vorgehen	Ziele	Folien
1	1 min.	Begrüßung des Plenums: -Vorstellung der eigenen Person und Danksagung für das Kommen der anwesenden Personen: Ein guter Anfang ist wichtig für den Erfolg meiner Präsentation[9]:Ich beginne mit folgender Frage: Wer von Ihnen hat Interesse daran effizienter und schneller arbeiten zu können?![10] **Hinweis**: Ich blicke das Plenum direkt, aber freundlich an[11], um so dessen Aufmerksamkeit auf mich zu ziehen und stehe im 30 Grad-Winkel zu den Power-Point-Folien. Hierdurch ist mein Körper zum Adressaten gerichtet, ebenso zu den Folien an der Wand.[12] (Diese Körperhaltung und diese Blickrichtung bleibt während meines gesamten Kurzvortrags konstant.) - Überleitung zu der Zielsetzung der Präsentation: das Plenum soll eine Entscheidung für oder gegen meine Idee (Kauf einer neuen Kaffeemaschine) am Vortragsende treffen. **Hinweis**: Ich halte eine kurze Sprechpause, um das Gesagte bei den Adressaten wirken zu lassen.[13]	- Sympathie-Gefühle des Plenums für mich (Redner) wecken, die Zuhörer sollen motiviert sein für den kommenden Vortrag. Diese Einstellung soll durch meine gute Einleitung gewährleistet werden, die ca. 10-15% des Vortrags ausmacht.[14] - Erwartungshorizont an das Plenum darstellen: die Zuhörer sollen wissen, was ich von diesen erwarte.	Folie 1 wird verwendet, nachdem ich die erste Frage an das Plenum gestellt habe. Vorher bleibt der Folien-Hintergrund schwarz, um die Spannung/ Neugierde für das Thema im Plenum aufrecht zu erhalten.[15] Ich verwende Folie 1, um mit wenigen Stichworten die Hauptaussage zusammenzufassen.[16]

---

[9]Eller. F./ Noelle, O.: 2008, S. 24
[10]Uni Hamburg (04.07.2012)
[11]Bundesministerium des Innern (03.07.2012)
[12]Bundesministerium des Innern (03.07.2012)
[13]Orgenda (04.07.2012)
[14]Uni Leipzig (04.07.2012)
[15]Schick,D./ Koch, A.: 2011, S.52
[16]Göldner, R.(01.07.2012)

Nr.	Zeit	Thema/Inhalte/Vorgehen	Ziele	Folien
2	30 sek.	-Überblick über den weiteren Ablauf geben: in der Agenda sind die einzelnen Vortragspunkte festgehalten, welche innerhalb von 15 Minuten dem Plenum präsentiert werden **Hinweis**: Ich halte eine kurze Sprechpause nach der Vorstellung meiner Agenda.[17]	-Das Plenum soll „den roten Faden" meines Vortrags von Anfang an kennen, um so die Inhalte besser mitverfolgen zu können	Folie 2 wird benutzt, um meinen Vortrag mittels Nummerier-ungszeichen zu strukturieren.
3	30 sek.	Einleitung des Themas: Vorstellen meiner Idee **Hinweis**: aggressive Einleitungs-Technik: S-P-L-Schema hierfür nutzen.[18] Nach der Erläuterung des Problems(P) eine kurze Sprechpause einbauen und dem Plenum Zeit für die selbstständige Lösung des Problems zu geben. Hierdurch sollen die Zuhörer aktiv agieren und sich persönlich (bzgl. des Vortragsthemas) angesprochen fühlen.[19] - Ich betone die Bedeutung meiner Idee: die neue Kaffeemaschine beschleunigt die Kaffeeherstellung und führt zu einer hohen Zeitersparnis für das Servicepersonal. **Hinweis**: Ich halte eine kurze Sprechpause, damit das S-P-L-Schema für das Plenum nachvollziehbar ist.[20]	-Die Zuhörer sollen begeistert sein für meine Idee und an einer aktiven, eigenen Lösungssuche interessiert sein. - Die Zuhörer sollen von meiner Idee überzeugt sein und ihren Nutzen erkennen.	Folie 3 wird hierfür verwendet, da die Adressaten das S-P-L-Schema dank einfacher Nummernstrukturierung gut nachvollziehen können.
4	30 sek.	- Ich schildere eigene Praxiserfahrungen bzgl. der Problemsituation und erläutere meine daraus entstandene Idee (Kauf einer neuen Kaffeemaschine). **Hinweis**: Mittels Story-Telling fühlt sich der Zuhörer persönlich	- Das Plenum soll mitfühlend reagieren und Verständnis für den Handlungsbedarf zeigen	Schwarze Folie einbauen[23], damit der Zuhörer sich komplett auf mich konzentrieren kann.

[17] Orgenda (04.07.2012)
[18] Schick,D./ Koch, A.: 2011, S.55 f.
[19] Orgenda (04.07.2012)
[20] Orgenda (04.07.2012)

angesprochen und kann sich daher besser in meine Situation hineinversetzen und erkennt den erforderlichen Handlungsbedarf.[21]/[22]

Nr.	Zeit	Thema/Inhalte/Vorgehen	Ziele	Folie
5	4 min.	- 1.Kernbotschaft erläutern: Kauf einer neuen Kaffeemaschine steigert die Servicegeschwindigkeit **Hinweis**: Wirkungspause einsetzen, damit der Zuhörer das Gesagte besser aufnehmen kann.[24] -Die zu der Kernbotschaft gehörenden Schlussfolgerungen erklären: Schlussfolgerung a) Steigerung der Servicegeschwindigkeit führt zu ressourcensparender Herstellung von Kaffeespezialitäten **Hinweis**: Vorher-Jetzt-Vergleich einbauen, um dem Zuhörer diese Schlussfolgerung besser verständlich zu machen: -**Vorher** wurden mehrere Geräte und Arbeitsschritte zur Herstellung der Kaffeespezialitäten benötigt (z.B. Milchaufschäumer und Kaffeemaschine für die Herstellung eines Cappuccinos) -**Jetzt**: **nur** noch ein Gerät zur Herstellung benötigt Ich verwende das Reizwort „nur", um das Interesse für das Gesagte bei dem Plenum weiter zu steigern.[25] Schlussfolgerung b) erläutern: Steigerung der Servicegeschwindigkeit	- Der Zuhörer soll den Nutzen und die Vorteile erkennen, die die neue Maschine mit sich bringt: Zeitersparnis und Arbeits-erleichterung - Der Zuhörer fühlt sich erneut direkt angesprochen durch die Verwendung von Story-Telling (im Sinne des Vorher-Jetzt-Vergleichs) und kann so die Schlussfolgerung a gut nachvollziehen - Dem Adressaten soll hier erneut der Vorteil der Arbeitser-	Folie 4 integrieren, damit die Argumentationsstruktur für den Zuhörer gut ver-ständlich ist: Die Kern-botschaft ist links oben angeordnet, die von dieser abgehenden Pfeile zeigen auf die sich ergebenden Schlussfolgerungen.[26] Folie 5+6 verwenden, da diese Folien tabellarisch einen Vergleich zwischen den beiden Kaffee-maschinen erleichtern. Die Hauptunterschiede werden schnell für den Betrachter ersichtlich.

---

[23]Schick,D./ Koch, A.: 2011, S.52
[21]Uni Leipzig (04.07.2012)
[22]Borbonus, R. (04.07.2012)
[24]Schick,D./ Koch, A.: 2011, S.68
[25]Schick,D./ Koch, A.: 2011, S.68
[26]Schick,D./ Koch, A.: 2011, S.48

Nr.	Zeit	Thema/Inhalte/Vorgehen	Ziel	Folien
		führt zur schnelleren Herstellung von Kaffeespezialitäten und zur schnelleren Getränkebestellungsaufnahme	leichterung durch den Einsatz einer neuen Maschine verdeutlicht werden.	
6	30 sek.	.2 Kernbotschaft erläutern: Steigerung der Servicegeschwindigkeit steigert die Qualität **Hinweis**: Ich setze eine Wirkungspause ein, um das Gesagte in den Köpfen meiner Zuhörer zu verankern.[27] - Danach die Schlussfolgerung der zweiten Kernbotschaft anführen: Schlussfolgerung 2 a) Steigerung der Servicegeschwindigkeit führt dazu, dass „Zeit" (dank schnellerer Herstellungsprozesse) frei wird und für andere wichtige Tätigkeiten eingesetzt werden kann Z.B.für das Nachlegen von Wurstscheiben auf dem Buffet.	Der Zuhörer soll über meine zweite Kernbotschaft nachdenken - Dieser soll die Bedeutung der anderen wichtigen Aufgaben klar werden ebenso wie der Zusammenhang mit der Qualitätssteigerung: Seine Tätigkeiten sollen gastorientierter bewältigt werden, indem dieser versucht; sich in die Wahrnehmung des Gastes hineinzuversetzen.	7 hier einsetzen, um die Hauptaussage der zweiten Kernbotschaft zu veranschaulichen. Ebenso wie Folie 4 ist Folie 7 nach der Argumentationsstruktur der Logischen Kette aufgebaut.[28]
7	1 min.	3. Kernbotschaft erläutern:Steigerung der Servicegeschwindigkeit steigert die Gästezufriedenheit **Hinweis**:Eine kurze Wirkungspause machen, um das Gesagte in den Köpfen der Zuhörer zu verankern[29] - Danach die zugehörigen Schlussfolgerungen a und b anführen: Schlussfolgerung 3a: Steigerung der Servicegeschwindigkeit führt zu gastorientiertem Service: das Personal kann auf die Wünsche des Gastes besser eingehen (anhand eines Praxisbeispiels verdeutlichen)	- Dem Adressaten bewusst machen, dass dieser nun mehr Zeit für gastorientierten Service hat	Folie 8 integrieren, da diese als Logische Kette aufgebaut ist.[30] -Der Betrachter wird durch die von der Kernbotschaft abgehenden Pfeile gelenkt und kann somit gut der

---

[27]Schick,D./ Koch, A.: 2011, S.68
[28]Schick,D./ Koch, A.: 2011, S.48
[29]Schick,D./ Koch, A.: 2011, S.68
[30]Schick,D./ Koch, A.: 2011, S.48

Nr.	Zeit	Thema/Inhalte/Vorgehen	Ziele	Folien
		- Schlussfolgerung 3 b nennen: Steigerung der Service-geschwindigkeit schafft eine angenehme Atmosphäre für den Gast: störende Faktoren (schmutzige Tische etc.) werden beseitigt	- Der Adressat soll sich über die entspannte Atmosphäre freuen, (entspannteres Arbeiten)	Argumentation folgen.
8	2 min.	- Vor- und Nachteile meiner Idee für alle Beteiligten aufzeigen. 1. Bzgl. des Personals anführen: **Vorteile**: geringer Zeitverbrauch/ schnelle Getränkeherstellung; einfache Handhabung der Kaffeemaschine und die **Nachteile**: mehr Getränkebestellungen; eingesparte Zeit wird unnötig verbraucht 2. Bzgl. des Gasts anführen: **Vorteile**: große Getränke-Auswahl ist möglich; schnelle Kaffeezubereitung und die **Nachteile**: laute Kaffeemaschinen-Benutzungsgeräusche 3. Bzgl. der Ressourcen aufzeigen:**Vorteile**: Effiziente Ressourcen-nutzung (ein Gerät wird benötigt, vorgegebene Füllmengen) **Nachteile**: auftretende Verschleißerscheinungen bei häufigem Gebrauch (Kaffeemaschine für den privaten Bedarf!)	- Dem Zuhörer soll abschließend ein Überblick über die sich ergebenden Vor-/ Nachteile für alle Beteiligten durch den Kauf einer neuen Kaffeemaschine gegeben werden - Dem Adressaten soll klar werden, dass meine Ideenrealisierung kritisch auf dessen Praxistauglichkeit hinterfragt wurde	Folie 9 hier verwenden-Durch die Verwendung der Tabelle können die einzelnen Vor-und Nachteile gut miteinander verglichen werden und Unterschiede schnell erkannt werden.

Nr.	Zeit	Thema/Inhalte/Vorgehen	Ziele	Folien
9	1 min.	-Ende mit Resumé der Kernbotschaften einleiten 1. Kauf einer Kaffeemaschine steigert die Servicegeschwindigkeit 2. Steigerung der Servicegeschwindigkeit steigert die Qualität 3. Steigerung der Servicegeschwindigkeit steigert die Gäste-zufriedenheit **Hinweis:** Ich halte jetzt eine kurze Sprechpause, um das Gesagte beim Adressaten wirken zu lassen.[31] - Dringlichkeit der Ideenrealisierung betonen: anhand eines Praxisbeispiels (z.B. bei 100% Auslastung der Hotelzimmer und somit 18 frühstückenden Gästen muss ein schneller Frühstücksservice gewährleistet werden,um eine hohe Gästezufriedenheit zu erreichen.[32]	-Dem Zuhörer sollen die wichtigsten Punkte (wiederholt) ins Gedächtnis gerufen und fest verankert werden - Der Adressat soll die Bedeutung bzgl. der eigenen Tätigkeit erkennen: schnellere Herstellung und Möglichkeit. der Annahme von vielen Getränke-Bestellungen.	Folie 10 einbeziehen, um die Kernbotschaften zu für den Betrachter zu visualisieren: Der Zusammenhang der Kernbotschaften wird durch das Fließdiagramm deutlich: Die erste Kernbotschaft ist Basis für die zweite usw.
10	3 min.	- Fragerunde/ Diskussion für das Plenum eröffnen:[33]noch ungeklärte Fragen des Plenums beantworten. -Eigene Fragen an das Plenum stellen:Was halten Sie von dem Kauf einer neuen Kaffeemaschine? Inwiefern denken Sie, dass diese unserem Unternehmen Vor- bzw. Nachteile bringen wird? Haben Sie noch Verbesserungsvorschläge bzw. Ergänzungen zu meiner Idee? **Hinweis:** Die Fragerunde dient dazu, den Zuhörer in das Thema zu integrieren; am Ende der Fragerunde die Hauptaussagen des Plenums zusammenfassen.[34]/ [35] Generell alle Antworten auf einer leeren	- Der Adressat soll dazu angeregt werden, sich aktiv ins Gespräch einzubringen und sich mit der Themenstellung auseinander-zusetzen.	Schwarze Folie einblenden, um eine hohe Konzentration des Plenums für die Frage-runde zu generieren.[37]

[31]Orgenda (04.07.2012)
[32]Schick,D./ Koch, A.: 2011, S.72
[33]Hartmann,M./Funk,R./ Nietmann,H.:2000, S. 10
[34]Uni Leipzig (04.07.2012)

Nr.	Zeit	Thema/Inhalte/Vorgehen	Ziele	Folie
		Power-Point-Folie festhalten, hierdurch wird das bereits Gesagte für das Plenum visualisiert.[36]		
11	1 min.	Schließlich die Maßnahmen für meine Ideenrealisierung präsentieren und die Zustimmung des Plenums einholen: Folgende Schritte sind hierfür notwendig:[38] 1. Angebote über das Produkt/Anbieter einholen und vergleichen 2. Entscheidung für einen Anbieter 3. Installieren der Kaffeemaschine im Unternehmen 4. Einweisen des Personals 5. Zubereiten der Kaffeespezialitäten	- Der Zuhörer soll über die weiteren Maßnahmen infomiert sein und sich ein eigenes Bild machen können - Der Zuhörer fühlt sich wichtig, da dieser Mit-Entscheider für oder gegen die Ideenrealisierung ist.	Folie 11 hier einsetzen, um mittels Nummerierungszeichen die einzelnen Schritte der Ideenrealisierung zu verdeutlichen.

Nr.	Zeit	Thema/Inhalte/Vorgehen	Ziele	Folie
12	10 sek.	Schluss einleiten mit folgender Frage (Umfang von 10-15% des Gesamtvortrags):[39]/[40] Sie haben bestimmt auch Interesse an einem reibungslosen, effizienten Arbeitsablauf, welcher von den Gästen gewürdigt wird?! Dann nutzen Sie doch einfach die neue Kaffeemaschine! **Hinweis:** Hier setze ich bewusst eine geschlossene Frage ein und integriere abschließend meine Hauptaussage (die Vorzüge der neuen Kaffeemaschine), damit der Zuhörer sich gut an diese wichtigen	- Der Zuhörer soll sich für meine Idee begeistern, indem ich diesem abschließend im Rahmen eines Appels den Nutzen und die Vorteile für die Praxis aufzeige.[42]	Schwarze Folie einblenden[43],um die Konzentration des Plenums zu steigern für den abschließenden Appell- die Entscheidung **für** den Kauf

[35] Uni Hamburg (04.07.2012)
[37] Schick,D./ Koch, A.: 2011, S.52
[36] Uni Leipzig (04.07.2012)
[38] Schick,D./ Koch, A.: 2011, S.72
[39] Uni Leipzig (04.07.2012)
[40] Uni Hamburg (04.07.2012)

		Informationen erinnern kann. Gemäß der Literatur ist auch ein starker Schluss relevant für den Erfolg eines Kurzvortrags.[41]		
13	10 sek.	-Danksagung an das Plenum: für die Aufmerksamkeit und für die interessanten Fragen[44]	- Der Adressat soll wissen, dass ich seine Meinung und Aufmerksamkeit wertzuschätzen weiß und, dass diese konstruktiv für die Entscheidungsfindung ist	-Schwarze Folie hier zeigen (vgl. **Nr.** 12 oben)

[42]Uni Leipzig (04.07.2012)
[43]Schick,D./ Koch, A.: 2011, S.52
[41]Uni Leiptzig (04.07.2012)
[44]Eller. F./ Noelle, O.: 2008, S. 24

Eigene Lernerkenntnisse:

a) Unten aufgezeigt finden Sie meine Ergebnisse bezüglich folgender Fragen:
Wie bin ich vorher bei der Präsentationsgestaltung vorgegangen und wie nachher?!
Welche Unterschiede/ Lerngewinne habe ich hierdurch erhalten?

Tabelle 1:

Erstellen einer Präsentation mit Folien für einen Kurzvortrag

Zweck	Vorgehensweise: Vorher	Vorgehensweise: Nachher	Lerngewinn aus Vorher-Nachher-Vergl.
Kurzvortrag			
Vorbereitung	Brainstorming, um Informationen zusammenzutragen	-Brainstorming -4-Seiten-Modell benutzt[45] -Themen-Studienbrief gelesen/ Vorgehensweise notiert	Neue Techniken zur besseren Vortrags- gestaltung
Informations- recherche	Internet: Google-Suchmaske- Stichworte aus Brainstorming + Themeninhalt	-Internet:Google-Suchmaske - Ebsco, Wiso	Neue Suchmaschinen für wissenschaftlichere Quellen
Informations- sammlung	Ergebnisse aus Vorbereitung + Informationsrecherche in Word-Dokument gespeichert	Ergebnisse aus Informationsrecherche + Vorbereitung in Word- Dokument geordnet	Kein Lerngewinn
Informations- aufbereitung	Gespeicherten Infos der Informationssammlung „zusammengefügt"	-Pyramiden-Prinzip zur Strukturierung[46]	Neue Technik für strukturiertere Informationsaufbereitung
Folien			
Vorbereitung	Keine	Literatur zu Foliengestaltung	Fachkenntnis für Folien- gestaltung gewonnen
Inforecherche	Infos übernommen	Infos verändert übernommen	Kein Lerngewinn
Informations- sammlung	Infos aus Informations- sammlung übernommen	Infos aus Informations- sammlung gekürzt und geordnet	Neue Strukturierungsform kennengelernt, schnelleres Arbeiten
Informations- aufbereitung	Informationen aus halbfertigem „Text" in PPF[47] eingepflegt	Informationen gemäß Pyramiden-Prinzip in PPF aufbereitet	Neue Foliengestaltungs- technik eingesetzt, bessere Gliederung des Textes
Farbgestaltung	Bunte Farben nach meinem Geschmack	Zwei Farben: Schwarz für den Text, Blass blau für die Argumentationsstruktur	Richtige Dosierung von Farben kennengelernt
Folien- strukturierung	-Action Title -Lange Sätze	-Action Title/ Struktur-Titel -Stichworte -Richtungspfeile - Nummerierungszeichen	Strukturtitel, Richtungs- pfeile und Nummerie- rungszeichen für bessere Übersichtlichkeit
Schriftgröße	20-24 Punkt	26-28 Punkt	Größere Schrift für bessere Verständlichkeit
Animationen/ Graphiken	-Viele Animationen -bunte Graphiken	-Keine Animationen -schlichte Graphiken	-Wenige Animationen für bessere Konzentration

(Graphik: Eigene Darstellung)

---

[45]Hartmann,M./Funk,R./ Nietmann,H.: 2000, S. 13 f.

[46]Schick,D./ Koch, A.: 2011, S.54 f.

[47]PPF steht für Power-Point-Folie

Eigene Lernerkenntnisse b)

Abschließend gehe ich auf meine künftige Vorgehensweise ein.
Bei künftigen Präsentationen werde ich mir generell mehr Zeit für deren Bearbeitung und sorgfältige Aufbereitung nehmen, um genügend Zeit zur Reflektion meiner Tätigkeiten/ Vorgehensweise zu haben.

Generell werde ich wie in dieser Hausarbeit bei der Präsentation- und Foliengestaltung verfahren und die neuen Lerngewinne (vgl. Tabelle 1) mit einbeziehen, da diese mir zu einer strukturierten Präsentation verholfen haben.

In dieser Hausarbeit hatte ich Probleme mit dem Einsatz von Graphiken (Tabelle) des Open-Office-Programms in einem Dokument. Künftig werde ich mich vorher mit der Bedienungsanleitung für Open-Office auseinandersetzen, (um unnötig!) verschwendete Zeit für Wichtigeres einzusetzen.

Literaturverzeichnis

Bücher:
Eller,F./ Noelle, O.:Die 7 Schritte zur erfolgreichen Präsentation.Mit praktischen Übungen. 1.Auflage.Books on demand GmbH. Norderstedt 2008

Friedrich-Ebert-Stiftung: Folie, Pinwand, Chart & Punkt. Wege zu gelungenen Präsentationen und Moderationen. Ein Trainingsbuch. 1.Auflage. Akademie Management und Politik. Druckcenter Meckenheim. Meckenheim 2005

Hartmann,M./Funk,R./Nietmann,H.:Präsentieren.Präsentationen:zielgerichtet und adressatenorientiert. 6.Auflage.Weinheim 2000

Orgenda Verlag: Selbstpräsentation.So sichern Sie sich aufmerksame Zuhörer: 12 Ideen für Ihren Einstieg.2007.URL: http://www.orgenda.de/abo/archiv/orp/2007/06/08einstieg.asp?sign=aa01192a9abddba0ee7902f 60c76d1e6 .(04.07.2012)

Schick,D./ Koch,A.: Kreativitäts- und Präsentationstechniken.3. Auflage. SRH FernHochschule Riedlingen. Riedlingen 2011

Internetquellen:
amazon.de: Nespresso Aeroccino 3 Milchaufschäumer schwarz.(o.J.)URL: http://www.amazon.de/dp/B004RQE6QC/ref=asc_df_B004RQE6QC8551318?smid=A3JWKA KR8XB7XF&tag=testberichte_sub121&linkCode=asn&creative=22494&creativeASIN=B004R QE6QC&ascsubtag=4527_295794_4fee990b.(06.07.2012)

amazon.de: DeLonghi EN 680.M Nespresso Lattissima.(o.J.).URL: http://www.amazon.de/DeLonghi-EN-680-M-Nespresso-Lattissima/dp/B000R2MKZO. (06.07.2012)

Borbonus, R.:Storytelling. Mit guten Geschichten jedes Publikum für sich gewinnen. 2009. URL:http://www.business-wissen.de/arbeitstechniken/storytelling-mit-guten-geschichten-bei-praesentationen-jedes-publikum-begeistern/.(04.07.2012)

Bundesministerium des Innern:6.4.5. Präsentationstechnik. 2010. URL:http://www.orghandbuch.de/nn_413962/OrganisationsHandbuch/DE/6__MethodenTechni ken/64__Kreativtechniken/645__Praesentationstechnik/praesentationstechnik-node.html?__nnn=true.(03.07.2012)

Göldner, R.: Gestaltung von Power-Point-Folien.2008-2010.URL:http://powerpointrhetorik.de/Foliengestaltung.html. (01.07.2012)

Krups: Nespresso Pixie XN 3009-Produktbeschreibung.(o.J.).URL:http://www.krups.de/All+Products/Espresso+Machines/Nespre sso-System/Products/XN+3009/Nespresso%C2%AE+PIXIE+XN+3009.htm. (06.07.2012)

Lehr, T.: Vorlesung: „Grundlagen der Kommunikation" im Rahmen des Studiengangs sept-small enterprise promotion + training. 2002-2003. URL:http://www.uni-leipzig.de/sept/downloads/Basics_of_Communication_4.pdf.(02.07.2012)

Roesch, Dr.H.:Mit Powerpoint präsentieren.(o.J.). URL:http://www.roesch-pr.de/Powerpoint0607.pdf.(05.07.2012)

Uni Hamburg: Wie strukturiere ich meine Präsentation? (o.J.) URL: http://www.slm.unihamburg.de/iaas_slf/Materialien/037.pdf.(04.07.2012)

1. Meine Idee

Kurzvortrags-Thema

Vorstellung meiner Idee zur

Steigerung der Servicegeschwindigkeit

anhand meines Praktikumsunternehmens

1.Meine Idee

Agenda für meinen Kurzvortrag

1. Meine Idee

2. Erste Kernbotschaft meiner Idee

2.1 Exkurs zu Produktinformationen

3. Zweite Kernbotschaft meiner Idee

4. Dritte Kerbotschaft meiner Idee

5. Kritische Hinterfragung meiner Idee

6. Alle Kernbotschaften

7. Maßnahmenplan zur Ideenrealisierung

1. Meine Idee

S-P-L-Schema als Basis für meine Ideenfindung

Wie kann die Herstellung von Kaffeespezialitäten beschleunigt und die Arbeit erleichtert werden?

Situation: Wir würden gerne mehr Zeit für den Service am Gast haben

Problem: Wir benötigen zu viel Zeit und Ressourcen, um eine Kaffeespezialität schnell produzieren zu können

→ Lösung:

Ein **neue Kaffeemaschine** würde die Herstellung erleichtern und Zeit einsparen !

Kauf einer neuen Kaffeemaschine steigert die Servicegeschwindigkeit

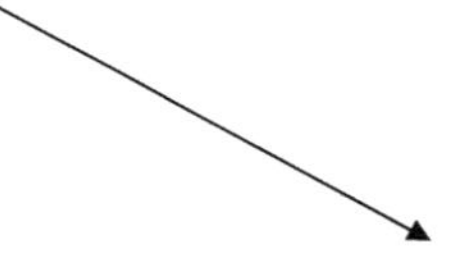

a) Steigerung der Servicegeschwindigkeit

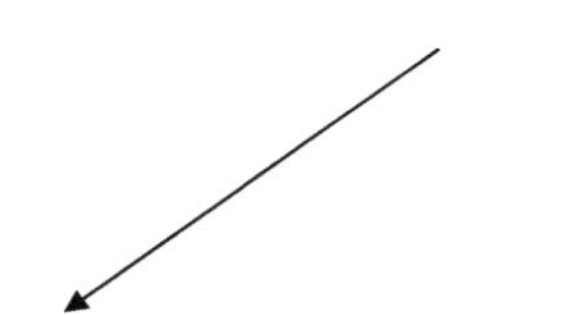

ressourcensparende Herstellung von Kaffeespezialitäten ist möglich

b) Steigerung der Servicegeschwindigkeit

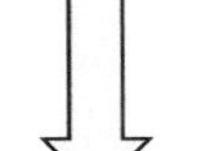

schnellere Herstellung von Kaffeespezialitäten und schnellere Bestellungsaufnahme

Technischer Vergleich der beiden Kaffeemaschinen

Aktuelle Kaffeemaschine: Krups XN 3009 Pixie Premium/ **und Milchaufschäumer:** NespressoAeroccino 3	**Vorgeschlagene Kaffeemaschine:** De´Longhi Lattissima EN 680M
0,7 l Wassertank-Füllmenge	1,2 l Wassertank-Füllmenge
250 ml heiße Milch, 130 ml Milchschaum	0,5 l Milchtank-Füllmenge
One-Touch-Espresso Mehrere Geräte für sonstige Kaffeespezialitäten benötigt	One-Touch-Cappucino, Latte Macchiato, Espresso, heißes Wasser
Keine Selbstreinigungsfunktion	Selbstreinigungsfunktion

2.1 Exkurs zu Produktinformationen

Zubereitungsdauer einer Kaffeespezialität

Aktuelle Kaffeemaschine:

Cappucino: 90 sek. // Latte Macchiato: 120 – 150 sek.

Im Vergleich zur vorgeschlagenen Kaffeemaschine:

Cappuccino: 60 sek./ / Latte Macchiato: 90 sek.

3. Zweite Kernbotschaft meiner Idee

Steigerung der Servicegeschwindigkeit
steigert die Qualität

Steigerung der Servicegeschwindigkeit

„Zeit" wird frei und kann für andere wichtige Tätigkeiten
genutzt werden, z.B. für das Nachlegen des Buffets mit
Käsescheiben

4. Dritte Kernbotschaft meiner Idee

Steigerung der Servicegeschwindigkeit steigert die Gästezufriedenheit

a) Steigerung der
Servicegeschwindigkeit

b) Steigerung der
Servicegeschwindigkeit

Schaffen von gastorientiertem
Service

- Nutzen der freigewordenen Zeit
für die Gästewünsche

Schaffen einer angenehmen
Atmosphäre für den Gast

- Eliminieren von Störfaktoren

Vor- und Nachteile-Analyse für alle Beteiligten

	Nachteile	Vorteile
Personal	mehr Getränkebestellungen	geringer Zeitverbrauch/ Schelle Getränkeherstellung
	„eingesparte" Zeit wird aufgebraucht	einfache Handhabung der Kaffeemaschine
Gäste	Kaffeemaschinen-Benutzungs-Geräusche	große Getränkeauswahl
		Schnelle Kaffeezubereitung
		Angenehme Atmosphäre
Kaffee-maschine	Verschleißerscheinungen bei hoher Nutzung	Effiziente Ressourcennutzung

Zusammenfassung meiner Kernbotschaften

1. Kauf einer neuen Kaffeemaschine

steigert die Servicegeschwindigkeit

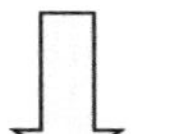

2..Steigerung der Servicegeschwindigkeit

Steigert die Qualität

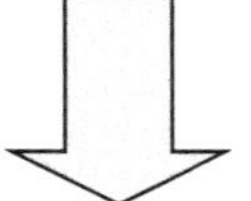

3. Steigerung der Servicegeschwindigkeit

Steigert die Gästezufriedenheit

7. Maßnahmenplan zur Ideenrealisierung

Planungsschritte für den Kauf einer Kaffeemaschine

1. Einholen und Vergleich von Produktangeboten

2. Entscheidung für einen Anbieter

3. Installieren der vorgeschlagenen Kaffeemaschine

4. Zubereiten der Kaffeespezialitäten

5. Einweisen des verantwortlichen Personals